Ein Biotop für Birkenpilze und Rotkappen

sich auf Kosten ihres Wirtes, auch hier oft mit sehr begrenzter Wirtswahl. Die Krause Glucke findet man beispielsweise fast ausschließlich an Kiefern.

Der Einfluss des Bodens
Auch die Bodenverhältnisse spielen eine große Rolle. Obwohl für Ungeübte schwierig zu beurteilen, sollte man versuchen, sich anhand der umgebenden Pflanzen ein Bild des Bodens zu machen. Saurer Boden wird z. B. durch Heidelbeere oder Heidekraut angezeigt. Auf Kalkboden findet man Orchideen, Leberblümchen oder Tollkirsche, um nur einige zu nennen. Das Buschwindröschen steht dazwischen, also nicht zu sauer und auch nicht zu kalkhaltig. Besonders beliebt sind feuchte Fichtenwälder auf sauren Böden. Hier findet man eine Vielzahl wohlbekannter Speisepilze, wie Pfifferling, Steinpilz und Maronen-Röhrling. Im selben Wald auf Kalkboden fehlen diese Arten, dafür kommen Erd-Ritterling und Semmelgelber Schleimkopf vor. Im Laubwald findet man auf Kalk die Herbsttrompete, viele Täublinge und den Parasol, auf saurem Boden dagegen Frauen-Täubling, Brätling und Espen-Rotkappe.

Der Bau der Pilze

Um die Beschreibungen in diesem kleinen Naturführer zu verstehen, sind ein paar wenige Fachbegriffe nötig. Am unten abgebildeten Königs-Fliegenpilz werden diese exemplarisch für alle Blätter- und Röhrenpilze gezeigt. Pilze aus anderen Gruppen, wie Bauchpilze, Porlinge oder Schlauchpilze, haben oft abweichende, aber einfachere oberirdische Formen (Fruchtkörper). Auf ihre Darstellung kann daher verzichtet werden. Die Beschreibungen im Buch beziehen sich immer auf typisch gewachsene Fruchtkörper, wie sie im Regelfall anzutreffen sind. Besondere Witterung und andere äußerliche Einflüsse können Aussehen und Größe stark verändern. Solche Extreme sind zu vielfältig, um in den Beschreibungen berücksichtigt zu werden.

Satans-Röhrling ☠
Familie: Röhrlingsartige

Vorkommen Juli bis Oktober. In Laubwäldern auf Kalkboden, vor allem unter Buche, Eiche und Linde. Selten.
Wissenswertes Vom essbaren Flockenstieligen Hexen-Röhrling (S. 30) unterscheidet ihn der weißgraue Hut, das nur schwach blauende und urinartig riechende Fleisch, sowie der Standort.

Gallen-Röhrling, Bitterpilz ☠
Familie: Röhrlingsartige

Vorkommen Juli bis November. In Fichtenwäldern oder unter Buchen, auf sauren Böden. Häufig.
Wissenswertes Das grobe Stielnetz und die rosa Poren unterscheiden ihn ebenso vom Steinpilz (S. 29), wie das gallenbittere Fleisch. Im Zweifelsfall schützt eine kleine Kostprobe vor Verwechslungen.

Verkahlender Krempling ☠

Familie: Röhrlingsartige

Vorkommen Juli bis November. In Wäldern und Gärten, bodenunabhängig, meist unter Fichte oder Birke. Häufig.

Wissenswertes Galt der Krempling früher als essbar, so wird heute von seinem Genuss dringend abgeraten, weil er in seltenen Fällen eine Hämolyse hervorruft, die tödlich enden kann.

Bleiweißer Trichterling ☠

Familie: Ritterlingsartige

Vorkommen Juli bis November. In Laub- und Nadelwäldern, Wiesen, bodenunabhängig. Häufig.

Wissenswertes Die Bleiweißen Trichterlinge sind sehr variabel in Größe, Hutfärbung und Statur. Die Reifschicht des Hutes und die breit angewachsenen Lamellen sind für diese Gruppe sehr wichtige Kennzeichen zur Bestimmung.

Vorsicht giftig!

Grünling ☠
Familie: Ritterlingsartige

Vorkommen September bis November. In sandigen, nährstoffarmen Kiefernwäldern, oder unter Espen. Regional häufig, sonst selten.
Wissenswertes Seit Kurzem ist bekannt, dass der Grünling Muskelschwund hervorrufen kann. Auch wenn er teils auf den Märkten zu finden ist, sollte man ihn meiden.

Vorsicht giftig!

Tiger-Ritterling ☠
Familie: Ritterlingsartige

Vorkommen August bis Oktober. Im Laub- und Nadelwald, unter Fichte, Tanne oder Buche, nur auf Kalkböden. Selten.
Wissenswertes Während die schmächtigeren Gewöhnlichen Erd-Ritterlinge (S. 36) gute Speisepilze sind, ruft der robuste Tiger-Ritterling schon in kleinen Mengen verzehrt heftige Magenprobleme hervor.

Riesen-Rötling ☠

Familie: Rötlingsartige

Vorkommen Juli bis Oktober. In Laubwäldern, vor allem unter Eichen und Hainbuchen, auf basenreichen Lehmböden. Zerstreut bis selten.

Wissenswertes Rötlinge haben ihren Namen von ihrem rötlichen Sporenpulver, nicht von der Farbe ihrer Fruchtkörper. Die meisten Arten sind weiß, grau oder blau gefärbt.

Roter Fliegenpilz ☠

Familie: Wulstlingsartige

Vorkommen Juli bis November. Unter Fichten und Birken, seltener unter anderen Bäumen, auf sauren Böden. Häufig.

Wissenswertes Seinen Namen verdankt der Fliegenpilz seiner früheren Verwendung gegen Fliegen. Der Pilz wurde dazu in Milch gelegt. Angelockte Fliegen starben in dieser Mischung.

Vorsicht giftig!

Grüner Knollenblätterpilz ☠

Familie: Wulstlingsartige

Vorsicht giftig!

Vorkommen Juli bis Oktober. In wärmebegünstigten Laubwäldern, bei Eiche oder Buche, auf sauren bis neutralen Böden. Zerstreut.

Wissenswertes Der Pilz gilt als einer der gefährlichsten Giftpilze. Er ruft eine tödliche Lebervergiftung hervor, die sich oft erst nach 2–3 Tagen bemerkbar macht. In der Antike wurde er nachweislich als tückische Waffe benutzt, um sich unliebsamer Konkurrenten zu entledigen. Besonders gefährlich sind die reinweiß gefärbten Albinoformen.

Pantherpilz ☠

Familie: Wulstlingsartige

Vorkommen Juli bis Oktober. Unter Eichen auf neutralen Lehmböden, unter Kiefern auf Sand- oder im Bergfichtenwald auf sauren Böden. Örtlich häufig.

Wissenswertes Unterscheidet sich vom Perlpilz (S. 38) oder dem Grauen Wulstling durch den ungerieften Ring und die runde, gerandete Knolle. Vergiftungen verlaufen sehr heftig und sind meist mit Sinnestäuschungen und Tobsuchtsanfällen verbunden. Todesfälle kommen aber beruhigenderweise so gut wie nie vor.

Vorsicht giftig!

Karbol-Egerling, ☠ Karbol-Champignon

Familie: Egerlingsartige

Vorkommen Juni bis Oktober. An ruderalen Stellen in Laubwäldern, in Gärten, Parks und Friedhofsanlagen, an nährstoffreichen Plätzen. Häufig.
Wissenswertes Meiden Sie Egerlinge, deren Fleisch in der Stielbasis chromgelb anläuft und die penetrant nach dem Desinfektionsmittel Karbol riechen.

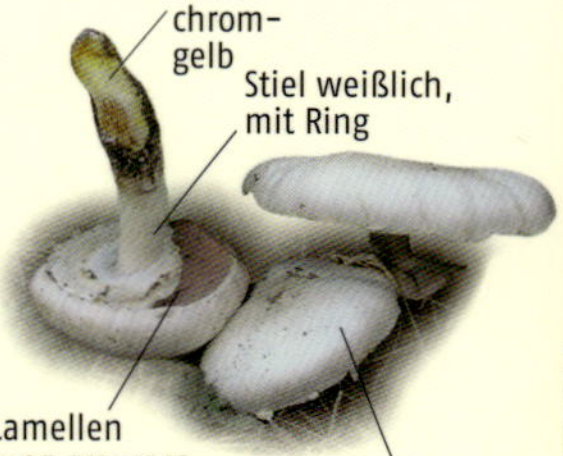

Vorsicht giftig!

Grünblättriger ☠ Schwefelkopf

Familie: Träuschlingsartige

Vorkommen April bis Dezember. Biotopunabhängig, an morschem Laub- und Nadelholz. Sehr häufig.
Wissenswertes Äußerlich schwer zu unterscheiden sind der bittere Grün- und der milde Rauchblättrige Schwefelkopf. Hier hilft ausnahmsweise ein Geschmackstest (wieder ausspucken).

Spitzgebuckelter Raukopf ☠

Familie: Schleierlingsartige

Vorkommen Juli bis Oktober. In Fichten- und Moorwäldern, auf sauren, nassen, nährstoffarmen Böden. Regional häufig.

Wissenswertes Dieser tödlich giftige Schleierling ist keinem bekannten Speisepilz besonders ähnlich, sodass Verwechslungen nur unaufmerksamen Pilzsammlern passieren dürften.

Dottergelber Klumpfuß ☠

Familie: Schleierlingsartige

Vorkommen August bis Oktober. In Nadelwäldern unter Fichte und Tanne, in Laubwäldern unter Buche und Eiche, auf Kalkböden. Sehr zerstreut.

Wissenswertes Er gilt als Auslöser einer Massenvergiftung in Lyon mit Todesfällen, doch konnte bisher kein Giftstoff in ihm nachgewiesen werden.

Vorsicht giftig!

Ziegelroter Risspilz ☠

Familie: Schleierlingsartige

Vorkommen April bis Juni. In Laubwäldern und Parks, unter älteren Buchen oder Eichen, auf Kalkboden. Zerstreut.

Wissenswertes Während junge Exemplare dem Mai-Ritterling (S. 47) recht ähnlich sehen können, sind ältere leicht am Röten und an den braun werdenden Lamellen zu erkennen.

Hut 3–8 cm, anfangs weißlich, langsam rötend

Lamellen erdbraun

Stiel weiß, längs überfasert

Vorsicht giftig!

Gift-Häubling ☠

Familie: Schleierlingsartige

Vorkommen Juni bis Dezember, selten ab März. Auf morschem Nadel- und Laubholz oder Rindenschrot. Häufig.

Wissenswertes So unscheinbar dieser Pilz aussieht, so schwere Vergiftungen löst er aus. Er wurde sogar gemeinsam mit dem essbaren Stockschwämmchen (S. 19) am selben Holzstück gefunden.

Hut 1–4 cm, braun, wasserzügig, am Rand gerieft

Ringzone klein, vergänglich

Stiel längs silbrig überfasert

Dickschaliger Kartoffelbovist ☠

Familie: Bauchpilze

Vorkommen Juli bis Dezember. In Nadelwäldern, selten im Laubwald, auf sauren, nährstoffarmen Böden. Sehr häufig.
Wissenswertes Im Gegensatz zu den innen weißen Stäublingen ist der innen violette Kartoffelbovist giftig. Getrocknet darf er aber in kleiner Menge zum Würzen verwendet werden.

Frühjahrs-Lorchel ☠

Familie: Lorchelartige

Vorkommen April bis Juni. In Kiefernwäldern, auf nährstoffarmen Sandböden. Örtlich häufig.
Wissenswertes Das Gift der Frühjahrs-Lorchel verflüchtigt sich bei längerem Kochen oder Trocknen nach und nach. Sie ist daher in manchen Ländern Handelspilz, trotz möglicher Restgehalte an Gift.

Vorsicht giftig!

Sommer-Steinpilz

Familie: Röhrlingsartige

Laubwald

Vorkommen Juni bis September. In lichten Laubwäldern unter Buche und Eiche, auf mäßig sauren bis schwach basischen Böden. Häufig.

Wissenswertes Wer schon beobachtet hat, dass an manchen Stellen die Steinpilze konstant früh im Sommer erscheinen, der hat vermutlich den Sommer-Steinpilz gefunden. Aber welche Steinpilz-Art auch immer: Geschmacklich sind alle gleich gut. Ihre Festigkeit ist jedoch unterschiedlich, daher ist der meist wurmige Sommer-Steinpilz am wenigsten geschätzt.

Espen-Rotkappe

Familie: Röhrlingsartige

Vorkommen Juli bis November. Unter Zitterpappel, vorzugsweise auf sandigen, sauren Böden, gerne in Pioniervegetation. Zerstreut, wird selten.

Wissenswertes Leicht zu erkennen an der Kombination aus weissschuppigem Stiel, schwärzlich verfärbendem Fleisch und rötlichem Hut mit überhängender Haut. Es gibt je eine weitere Art unter Birke, Eiche, Fichte und Kiefer. Sie stehen unter Schutz, dürfen aber für den Eigenbedarf gesammelt werden. Alle Rotkappen sind gegart Speisepilze, aber roh sehr giftig.

Violetter Rötelritterling

Familie: Ritterlingsartige

Laubwald

Vorkommen September bis Dezember. In Wäldern aller Art, besonders in Buchenwäldern, auf eher basenhaltigen Böden. Häufig.

Wissenswertes Der Violette Rötelritterling erscheint spät im Jahr, wenn die Auswahl an Speisepilzen nicht mehr groß ist. Da er durch seine Färbung und den süßlichen Geruch gut zu erkennen ist, erfreut er sich großer Beliebtheit. Er eignet sich gut zum Einlegen in Essig, die Farbe bleibt dabei erhalten. Vorsicht vor Verwechslungen mit Violetten Schleierlingen.

Austern-Seitling

Familie: Ritterlingsartige

Vorkommen (September) November bis März. Vorwiegend in Buchenwäldern, an stehenden Buchen in Blitzrissen oder an liegenden Stämmen, auch an bachbegleitenden Weiden. Örtlich häufig.

Wissenswertes Neben dem Gewöhnlichen Samtfußrübling (S. 17) der zweite Speisepilz des Winters und deutlich schmackhafter als dieser. Den Stielbereich sollte man großzügig wegschneiden, da er schnell zäh wird. Verwechslungen mit dem Gelbstieligen Muschelseitling kann man durch dessen gelben Stielfilz ausschließen.

Gewöhnlicher Samtfuß-Rübling

Familie: Ritterlingsartige

Vorkommen (September) November bis März. In Auwäldern, entlang von Bächen, vor allem an Weiden oder Weidenstümpfen, auch in luftfeuchten Buchenwäldern an Buchen. Häufig.

Wissenswertes Der Samtfuß-Rübling ist einer der wenigen Speisepilze des Winters, allerdings wenig bekannt. Frost kann ihm nichts anhaben, er stellt das Wachstum ein und wächst dann in der nächsten milden Periode weiter. Der samtige Stiel macht ihn unverwechselbar, Gift-Häublinge (S. 11) haben überfaserte Stiele.

Laubwald

Gewöhnlicher Riesenschirmling, Parasol

Familie: Egerlingsartige

Vorkommen August bis Oktober. In lichten Laub-, seltener Nadelwäldern, an Waldrändern, auf Waldwiesen, auf meist neutralen Böden, lichtliebend. Häufig.

Wissenswertes Der Parasol ist nicht nur ein durch seine Größe eindrucksvoller Pilz, er ist auch ein vorzüglicher Speisepilz. Er kann nicht verwechselt werden, wenn man die Ringmerkmale und das nicht verfärbende Fleisch beachtet. Am besten schmecken gerade flach gewordene Hüte, wenn man sie im Ganzen paniert und dann in der heißen Pfanne ausbrät.

Stockschwämmchen

Familie: Träuschlingsartige

Laubwald

Vorkommen Mai bis Oktober. In dichten Büscheln auf totem, morschem Laub-, seltener Nadelholz, meist auf Stümpfen. Häufig.

Wissenswertes Das Stockschwämmchen ist wegen seines angenehmen Geschmacks und des Vorkommens in dichten Büscheln ein hochgeschätzter Speisepilz. Es eignet sich besonders für Pilzsuppen, wobei nur die Hüte verwendet werden. Unbedingt müssen Verwechslungen mit dem Gift-Häubling (S. 11) vermieden werden, wozu in erster Linie die Stielmerkmale zu beachten sind.

Schleiereule

Familie: Schleierlingsartige

Vorkommen Juli bis Oktober. In Laubwäldern und Parks unter Buche, Eiche oder auch Linde, auf basenreichen Böden. Selten.

Wissenswertes Dieser wohl größte Schleierling ist gleichzeitig einer der wenigen essbaren Vertreter der Gattung. In Südeuropa, wo er häufiger vorkommt, wird er als Marktpilz gehandelt. Da die Pilze oft mehr als 1 Kilogramm wiegen, ist dies sehr lohnend.
In Mitteleuropa ist er dagegen selten geworden und sollte daher nicht mehr gesammelt werden.

Frauen-Täubling

Familie: Sprödstielige

Vorkommen Juni bis Oktober. In Laub- und Nadelwäldern, vor allem unter Buchen, auf sauren Böden. Häufig.
Wissenswertes Unter den Täublingen ist der Frauen-Täubling an seinen weichen, nachgebenden Lamellen zu erkennen, die bei anderen Arten stets brüchig sind. Vor allem die Formen mit grünem Hut können an den Grünen Knollenblätterpilz (S. 7) erinnern. Brüchiges Fleisch, knollenlose Stielbasis, fehlender Ring und die nicht abziehbare, glatte Huthaut sind ganz typische Merkmale des Täublings.

Brätling

Familie: Sprödstielige

Vorkommen Juni bis Oktober. In lichten Laubwäldern, seltener im Nadelwald, auf neutralen bis schwach sauren Böden. Zerstreut.

Wissenswertes Eine der ganz wenigen Pilzarten, die man roh essen kann. Auf einem Butterbrot mit Salz halten ihn viele für eine Delikatesse. Beim Umgang mit diesem Pilz ist Vorsicht geboten, denn die Milch hinterlässt braune Flecken, die von Fingern und Kleidern kaum zu entfernen sind und nach einiger Zeit anfangen, heringsartig zu riechen.

Herbst-Trompete

Familie: Leistlinge

Laubwald

Vorkommen August bis November. Sehr gesellig in Buchenwäldern, auf kalkreichen bis neutralen, lehmigen Böden. Zerstreut bis häufig.

Wissenswertes Trotz des wenig ansprechenden Äußeren ist die Herbst- oder Toten-Trompete ein sehr begehrter Speisepilz. Vorwiegend wird man diesen sehr geschmacksintensiven Pilz als Würze oder als Beimischung zu Füllungen nutzen. Weil er dünn ist, eignet sich der Pilz auch gut zum Trocknen. Alle ähnlichen Leistlinge sind ebenfalls essbar.

Semmel-Stoppelpilz

Familie: Stachelingsartige

Vorkommen Juli bis Oktober. In Laub- und Nadelwäldern, in der Fichtennadelstreu oder im Buchenlaub, vor allem auf basenreichen Böden. Häufig.

Wissenswertes Die Stoppelpilze sind unverwechselbare Speisepilze, wobei es dunklere und hellere Sippen gibt. Die Farbe und das gelb werdende Fleisch in Verbindung mit Stacheln auf der Unterseite sind unverkennbar. Ältere Pilze werden oft bitter, daher sollte man nur junge Pilze verwenden, bei denen die Stacheln noch festsitzen.

Gewöhnliches Judasohr

Familie: Heterobasidiomyceten

Laubwald

Vorkommen Ganzjährig, vor allem in Winter und Frühjahr. In Wäldern, Gebüschen und an Waldrändern, an toten Holunderästen, seltener auch an Buche und anderen Laubbäumen. Häufig.

Wissenswertes Aufgrund der etwas knorpeligen Konsistenz ist diese Art ein wichtiger Bestandteil der chinesischen Küche. Sie ist bei uns unter der irreführenden Bezeichnung Chinesische Morchel im Handel. Die Pilze sind getrocknet hornartig hart, quellen aber bei Wasserzugabe schnell in ihren Originalzustand auf.

Flaschen-Stäubling

Familie: Bauchpilze

Fruchtkörper 4–7 cm, umgekehrt birnenförmig

mit weißen, abwischbaren Warzen besetzt

Vorkommen Juni bis Dezember. In Laub- und Nadelwäldern aller Art, in der Laub- und Nadelstreu. Sehr häufig.
Wissenswertes Diesen Stäubling erkennt man an den körnigen, abwischbaren Warzen. Fallen sie ab, bleibt eine mehreckige Vertiefung zurück, die der Oberfläche ein wabenartiges Aussehen verleiht. Reife Sporen färben alte Fruchtkörper im Inneren olivbraun. Sie zerfallen zu Pulver und stäuben auf Druck nach außen. Stäublinge sind nur essbar, wenn sie innen weiß sind.

Speise-Morchel

Familie: Morchelartige

Laubwald

Vorkommen April bis Mai (Juni). In Auwäldern und bachbegleitenden Gehölzen, fast immer unter Eschen, bisweilen unter Obstbäumen, auf Kalkböden. Zerstreut.
Wissenswertes Morcheln gehören zu den besten Speisepilzen. Sie kommen gleich nach den Trüffeln. Allerdings sind sie schwer aufzuspüren. Drum gibt es kaum ein stärkeres Glücksgefühl für einen Pilzfreund, als einmal selbst einen Morchelplatz entdeckt zu haben. Besonders gut schmecken sie als Morchelrahmsoße zu Bandnudeln.

Herbst-Lorchel

Familie: Lorchelartige

Vorkommen August bis November. In Laubwäldern, an Weg- und Waldrändern, vorwiegend auf etwas nährstoffreicheren Böden. Häufig.

Wissenswertes Diese und auch die schwarzgraue Gruben-Lorchel sind zwar nicht besonders geschmacksintensiv, durch ihr wachsartig-knorpeliges Fleisch passen sie aber gut zu fernöstlichen Gerichten. Man muss sie gut erhitzen, da sie ungenügend gegart giftig sind. Nicht verwechseln darf man sie mit der Frühjahrs-Lorchel (S. 12), die einen hirnartigen Kopfteil hat.

Fichten-Steinpilz, Herrenpilz

Familie: Röhrlingsartige

Vorkommen Juli bis November. In Fichtenwäldern und unter Buchen, seltener unter Birken, auf sauren Böden, kalkmeidend. Häufig.

Wissenswertes In Fichtenwäldern ist der Fliegenpilz ein guter Anzeiger für Steinpilzstellen, vor allem wenn er zusammen mit dem Pfeffer-Röhrling auftritt. Es gibt mehrere Steinpilzarten. Alle dürfen nur für den eigenen Bedarf gesammelt werden. Vom ähnlichen Gallenröhrling unterscheiden sie sich durch ihre gelbgrün werdenden Röhren und das milde Fleisch.

Flockenstieliger Hexen-Röhrling

Familie: Röhrlingsartige

Vorkommen Juni bis Oktober. In Laub- und Nadelwäldern, vor allem unter Fichten oder Buchen, auf sauren Böden. Häufig.

Wissenswertes Aufgrund der roten Poren und der starken blauen Fleischverfärbung ist dieser Pilz vielen Pilzsammlern suspekt. Vermutlich liegt in seinem Äußeren auch der Name Hexen-Röhrling begründet. Dabei ist der Hexen-Röhrling einer der besten Speisepilze. Auch Anfänger erkennen ihn leicht daran, dass er statt eines Stielnetzes rote Stielpusteln besitzt.

Maronen-Röhrling

Familie: Röhrlingsartige

Nadelwald

Vorkommen Juli bis November. In Nadelwäldern, besonders unter Fichten, auf sauren und eher trockenen Böden. Häufig.

Wissenswertes Der Maronen-Röhrling ist sehr veränderlich. Auf trockenen Böden in der Nadelstreu findet man oft dickstielige Exemplare mit feinfilzigem Hut, die an den Steinpilz erinnern, im feuchten Moos dagegen schlankstielige mit eher schmierigen Hüten. Der glatte Stiel ohne Netzzeichnung oder Pusteln ist ein wichtiges Merkmal, ebenso das Blauen der Röhren auf Druck.

Rotfuß-Röhrling

Familie: Röhrlingsartige

Vorkommen Juni bis Oktober. Unspezifisch in den Biotopansprüchen, etwas bevorzugt in Nadelwäldern auf sauren Böden. Sehr häufig.

Wissenswertes Filzröhrlinge im Allgemeinen, der Rotfuß-Röhrling aber im Besonderen, werden schnell weich und matschig. Daher sollte man nur jüngere, noch feste Pilze sammeln und diese zuhause schnell verarbeiten. Unbedingt muss auch auf einsetzende Schimmelbildung kontrolliert werden, da ansonsten eine Lebensmittelvergiftung die Folge sein kann.

Gold-Röhrling

Familie: Röhrlingsartige

Nadelwald

Vorkommen Juli bis Oktober. In Wäldern, Parks und Gärten, stets unter Lärche, unabhängig von den Bodenverhältnissen. Häufig.

Wissenswertes Der Gold-Röhrling ist der häufigste Lärchenbegleiter unter den Röhrlingen und durch seine auffallend orangegelbe Färbung gut erkennbar. Es gibt noch einen ebenfalls essbaren Grauen Lärchen-Röhrling. Allen Schmier-Röhrlingen sollte die schleimige Huthaut vor dem Kochen abgezogen werden, doch selbst dann werden sie nicht immer problemlos vertragen.

Großer Schmierling, Kuhmaul

Familie: Röhrlingsartige

Vorkommen Juli bis Oktober. In Nadelwäldern, ganz besonders unter Fichten, auf zumindest oberflächig sauren Böden. Häufig.

Wissenswertes Dieser aufgrund seiner weichen, herablaufenden Lamellen und der gelben Stielbasis unverkennbare Pilz ist nicht vielen Sammlern bekannt. Gleichwohl wird er von Kennern wegen seines feinen Aromas sehr geschätzt. Die schleimige Hut- und Stielschicht vor der Zubereitung entfernen. Er wächst übrigens oft an denselben Standorten wie der Steinpilz.

Dunkler Hallimasch

Familie: Ritterlingsartige

Vorkommen August bis November. In Fichtenforsten auf eher sauren Böden, auch auf Fichtenstümpfen in anderen Waldgesellschaften, Wuchs in dichten Büscheln. Sehr häufig.

Wissenswertes Der Dunkle Hallimasch bildet in Fichtenforsten im Spätherbst oft Massenbestände, bei denen auf vielen Hektar jeder Stumpf dicht mit Fruchtkörpern besetzt ist. Der Honiggelbe Hallimasch wächst dagegen auf Laubholzstümpfen. Alle Arten müssen gut gegart, also mindestens 15 Minuten über 60 °C erhitzt werden.

Gewöhnlicher Erd-Ritterling

Familie: Ritterlingsartige

Vorkommen August bis November. Stets unter Kiefern, auf sandigen und basenreichen Böden, oft in großen Mengen. Häufig.

Wissenswertes Die Erd-Ritterlinge sind eine Gruppe von Ritterlingen, die neben essbaren auch scharf schmeckende und sogar giftige Arten enthält (Tiger-Ritterling, S. 5). Zu ihrer Bestimmung sind Geruch, Geschmack und Verfärbung wichtig. Der Gewöhnliche Erd-Ritterling hat als einziger mildes, geruchloses, nicht verfärbendes Fleisch und ist daher relativ gut zu erkennen.

Echter Knoblauch-Schwindling

Familie: Ritterlingsartige

Vorkommen Juli bis Oktober. In Nadelwäldern, in der Nadelstreu, vorzugsweise auf etwas sauren Böden. Zerstreut, aber an für ihn typischen Standorten meist in großen Mengen.

Wissenswertes Nicht nur der Geruch dieses Pilzes ist stark knoblauchartig, auch sein Geschmack. Daher ist er als Würzpilz hoch geschätzt und wird z. B. in Frankreich getrocknet grammweise für mehrere Euro verkauft. Da man zum Würzen nur wenige Hüte benötigt, lohnt sich das Sammeln trotz der winzigen Größe des Pilzes.

Perlpilz

Familie: Wulstlingsartige

Vorkommen Juni bis Oktober. In Laub- und Nadelwäldern, ohne bestimmte Ansprüche an Böden oder Biotope. Sehr häufig.

Wissenswertes Fast alle Wulstlingsartige haben weiße Lamellen, die den Stiel nicht berühren, sowie eine Außenhülle, die auf dem Hut oft Flocken hinterlässt. Die drei wichtigsten Unterscheidungsmerkmale zum stark giftigen Pantherpilz (S. 8) sind die rübenförmige Stielknolle, der oberseits geriefte hängende Ring und die immer irgendwo vorkommenden fleischrosa Farbtöne.

Rauchblättriger Schwefelkopf

Familie: Träuschlingsartige

Nadelwald

Vorkommen Oktober bis März. Selten schon ab August, in Nadelmischwäldern verschiedenster Art, stets an morschen Fichtenstümpfen oder anderem Nadelholz. Häufig.
Wissenswertes Er ist einer der wenigen Speisepilze des Winters und schmeckt am besten als Pilzsuppe. Anhand der blass grauen Lamellen ohne jeglichen Grünton ist er im jungen Zustand problemlos vom giftigen Grünblättrigen Schwefelkopf (S. 9) zu unterscheiden, doch im Alter werden die Lamellen bei beiden violettschwarz.

Semmelgelber Schleimkopf

Familie: Schleierlingsartige

Vorkommen August bis Oktober. In Nadelwäldern unter Fichten, Tannen und Kiefern, stets auf Kalkböden. Zerstreut, örtlich häufig.

Wissenswertes Schleierlinge gelten kaum als übliche Speisepilze, nicht zuletzt, weil es rund 1.000 Arten in Mitteleuropa gibt. Viele sind sich sehr ähnlich und bei den meisten weiß man noch gar nicht, ob sie essbar oder giftig sind. Mit etwas Erfahrung ist der Semmelgelbe Schleimkopf jedoch gut zu erkennen und er wird daher mancherorts gerne gesammelt.

Zigeuner, Reifpilz

Familie: Schleierlingsartige

Nadelwald

Vorkommen August bis Oktober. In Nadelwäldern, besonders unter Kiefern, auf trockenen, sauren, sandigen, nährstoffarmen Böden. Örtlich noch häufig, aber vielerorts rückläufig.

Wissenswertes Der Reifpilz kann mit etlichen Schleierlingen verwechselt werden, wenn man die häutige Struktur des Ringes nicht beachtet. Vermutlich kommt sein Name jedoch nicht von diesem „Stielreif", sondern von der bereiften Hutmitte. Er ist nicht einfach erkennbar, aber ein sehr wohlschmeckender Speisepilz.

Wiesel-Täubling

Familie: Sprödstielige

Vorkommen Juni bis Oktober. In Bergnadelwäldern, stets unter Fichten, auf sauren Böden, in den höheren Lagen. Mäßig häufig, im Tiefland fehlend.

Wissenswertes Die große Ähnlichkeit mit dem Steinpilz hat schon viele Pilzsammler genarrt, die dann beim Umdrehen Lamellen statt Röhren feststellen mussten. Dabei ist dieser vermeintliche Reinfall eigentlich ein Glücksfall, denn der Wiesel-Täubling gehört zu den besten Speisepilzen überhaupt und viele ziehen ihn sogar dem Steinpilz vor.

Edel-Reizker

Familie: Sprödstielige

Nadelwald

Vorkommen Juli bis Oktober. In Kiefernwäldern, auf eher sauren, sandigen Böden, auch in Kiefernheiden auf Kalk. Zerstreut.

Wissenswertes Alle Milchlinge mit orangefarbener bis weinroter Milch, insgesamt Reizker genannt, sind gute Speisepilze. Sie eignen sich am besten zum (kurz) Anbraten oder blanchiert für Salat oder sauer eingelegt. Gekocht sind sie weniger schmackhaft und auch zum Trocknen eignen sie sich nicht. Nicht erschrecken, nach einer Reizkermahlzeit ist der Urin rot gefärbt.

Echter Pfifferling

Familie: Leistenpilze

Vorkommen Juli bis November. In Nadelwäldern, vor allem bei Fichten, selten unter Laubbäumen (Rot-Eiche), vorwiegend auf sauren Böden. Häufig.

Wissenswertes Von diesem wohl bekanntesten Speisepilz gibt es eine Vielzahl von Varietäten, die teils in anderen Biotopen wachsen, z. B. der größere und hellere Laub-wald-Pfifferling auf basischen Böden unter Buche.
Zu beachten ist, dass alle Pfifferlingsarten in Deutschland geschützt sind und nur zum Eigenbedarf gesammelt werden dürfen.

Krause Glucke

Familie: Korallenartige

Vorkommen Juli bis November. In Kiefernwäldern oder Wäldern mit eingestreuten Kiefern, auf sandigen, nährstoffarmen Böden, selten an Lärche oder Douglasie. Häufig bis zerstreut.

Wissenswertes Die Krause Glucke ist ein hochgeschätzter, ergiebiger und unverwechselbarer Speisepilz. Lediglich die aufwendige Reinigung trübt etwas das Finderglück. Beim Wachsen nimmt sie nämlich Sand und Erde mit auf. Am besten schneidet man sie in Scheiben und reinigt diese unter fließendem Wasser.

Gewöhnliche Stinkmorchel

Familie: Rutenpilze

Vorkommen Juni bis November. In Wäldern und Gebüschen verschiedenster Art, biotopunabhängig, etwas häufiger auf sauren Böden. Häufig.

Wissenswertes Kaum zu glauben, dass dieser widerlich stinkende Pilz essbar ist. Aber man isst ja auch nicht die langgewachsenen Pilze mit ihrer bemerkenswerten Gestalt, sondern die noch geschlossenen sogenannten Hexeneier. In Scheiben geschnittenen werden diese gebraten, wobei die Gallerthülle ähnlich wie Eiweiß kross und knusprig wird.

Mai-Ritterling

Familie: Ritterlingsartige

Vorkommen April bis Mai (Juni). Auf Grünflächen jeder Art, in lichten Laubwäldern, in Fichtenforsten über ehemaligem Wiesengelände, insbesondere auf basenreichen Böden. Oft in Hexenringen. Häufig.

Wissenswertes Da es im Frühjahr kaum Speisepilze gibt und der Mai-Ritterling meist in größeren Mengen wächst, ist er bei vielen Sammlern beliebt. Andere wiederum finden den gurkenartigen Geruch und Geschmack grässlich. Vorsicht vor Verwechslungen mit jungen Exemplaren des Ziegelroten Risspilzes (S. 11).

Nelken-Schwindling

Familie: Ritterlingsartige

Vorkommen August bis November. In höchstens mäßig gedüngten Wiesen und extensiv bewirtschafteten Weiden, meist in Hexenringen. Häufig.

Wissenswertes Der Nelken-Schwindling hat einen so elastischen Stiel, dass man problemlos einen Knoten hinein machen kann. Er ist daher zum Essen zu zäh und es werden nur die Hüte verwendet. Diese eignen sich besonders für eine Pilzsuppe. Man hüte sich aber vor giftigen Feld- und Bleiweißen Trichterlingen (S. 4), die am selben Standort vorkommen.

Wiesen-Egerling, Wiesen-Champignon

Familie: Egerlingsartige

Vorkommen Juni bis Oktober. Auf mäßig gedüngten Wiesen und Weiden, empfindlich gegen Gülle und Kunstdünger. Zerstreut, früher häufig.

Wissenswertes Die Angst vor Verwechslung der Champignons mit Knollenblätterpilzen (S. 7) sollte eigentlich unbegründet sein. Die schon jung rosafarbenen, später braunen Lamellen sind gut von den immer reinweißen der Knollenblätterpilze unterscheidbar. Die Art ist aufgrund der allgemein stärkeren Düngereinbringung heutzutage fast schon selten geworden.

Schopf-Tintling

Familie: Egerlingsartige

Hut 5–15 cm hoch, walzenförmig

Hutschuppen fransig, etwas abstehend

Stiel weiß, hohl, beringt

Vorkommen Juli bis Oktober. An stark gedüngten Stellen an Weg- und Wiesenrändern, auch auf vermodernden, pflanzlichen Abfällen an Waldrändern. Häufig.

Wissenswertes Alte, zerfließende Schopf-Tintlinge wurden früher tatsächlich für die Herstellung von Tinte genutzt. In Südamerika wird dagegen daraus eine Suppe bereitet, während bei uns zerfließende Tintlinge als giftig gelten. Der in Verbindung mit Alkohol giftige Falten-Tintling hat keine Hutschuppen und einen kürzeren Stiel, wächst aber an ähnlichen Standorten.

Netzstieliger Hexen-Röhrling

Familie: Röhrlingsartige

Vorkommen Ende Mai bis Oktober. Unter Laubbäumen in Parks, Gärten und lichten Laubwäldern, sehr selten im Nadelwald, auf Kalkböden. Häufig.

Wissenswertes Dieser Pilz muss gut erhitzt werden, da er roh oder ungenügend gegart giftig auf Magen und Darm wirkt. Er löst sehr selten in Verbindung mit Alkohol eine allergische Reaktion aus. Das tief dunkelblau anlaufende Fleisch, die Hut- und Stielfarbe sowie die violettrote Stielbasis unterscheiden ihn gut vom Satans-Röhrling (S. 3).

Birkenpilz

Familie: Röhrlingsartige

Vorkommen Juli bis Oktober. In Wäldern, Parks und Gärten, stets unter Birken, auf eher trockenen Böden. Häufig.

Wissenswertes Der Birkenpilz ist einfach und eindeutig erkennbar an seinem schuppigen Stiel, dem braunen Hut und seinem nicht verfärbenden Fleisch. Er ist im jungen Zustand festfleischig, wird aber bald weich und sollte dann nicht mehr gesammelt werden. Als Faustregel gilt: Wenn ein Fingerdruck auf dem Hut eine bleibende Delle hinterlässt, ist der Pilz zu alt zum Essen.

Brauner Büschel-Rasling

Familie: Ritterlingsartige

Vorkommen August bis November. Entlang von Wegen oder an Straßen- und Wiesenrändern, inner- und außerhalb von Wäldern. Häufig.

Wissenswertes Der Braune Büschel-Rasling ist ein guter Speisepilz, der meist erst spät im Jahr vorkommt, beim Kochen relativ fest bleibt und in der Regel in großen Mengen wächst. Nicht selten ziehen sich Büschel um Büschel Dutzende von Metern einen grasigen Wegrand entlang. Gelegentlich tritt er schon im Frühsommer auf, dann meist in Einzelexemplaren.

Stadt-Egerling, Stadt-Champignon

Familie: Egerlingsartige

Vorkommen Juni bis Oktober. An Straßen- und Wegrändern, auf Gehwegen, stets auf stark verdichteten Böden und nicht selten durch den Asphalt brechend. Häufig.
Wissenswertes Obwohl Pilze relativ zarte Gebilde sind, ist ihre Kraft schier unglaublich. Am Beispiel des Stadt-Egerlings, der mühelos Asphalt durchbricht, ist dies gut zu demonstrieren. Da er oft an unappetitlichen Stellen, wie z. B. neben Müllplätzen oder Hundetoiletten wächst, wird man meist auf seinen Genuss verzichten wollen.

Schwefelporling

Familie: Porlinge

Vorkommen April bis September. In Auwäldern, Alleen und an einzeln stehenden Laubbäumen oder liegenden Stämmen, selten auch an Nadelbäumen. Häufig.

Wissenswertes Der Schwefelporling bildet oft meterlange Teppiche an den Bäumen, die er als starker Parasit befällt und abtötet. Er ist nur in jungem Zustand genießbar und je nach Zubereitung durchaus schmackhaft. Ein beliebtes Rezept ist Schwefelporling nach Art des Hühnerfrikassees, während er gebraten doch ziemlich säuerlich schmeckt.

Riesenbovist

Familie: Bauchpilze

Vorkommen Juli bis November. Auf Obstwiesen, gedüngten Grünflächen oder in Gebüschen, an stickstoffreichen Stellen, auch auf Klärschlamm. Zerstreut.
Wissenswertes Aufgrund seiner enormen Größe ist dieser Pilz unverwechselbar, er wird bis zu 15 Kilogramm schwer. Solange er innen weiß ist, kann er gegessen werden. Am besten schneidet man ihn in Scheiben, paniert sie und brät sie in heißem Fett. Alte Pilze werden innen olivbraun und pulverig, die Außenhülle blättert dann ab.

Pilze in der Küche

Pilze ernten

Das Zubereiten beginnt eigentlich schon mit dem Ernten und Transportieren der Pilze. Die meistgestellte Frage nach „Kann man den essen?“ ist „Soll man Pilze abschneiden oder herausdrehen?“ Das ist schnell beantwortet. Wenn man den Pilz kennt und zum Essen sammeln möchte, dann schneidet man ihn über dem Boden oder Holz ab. Wenn man ihn nicht kennt und bestimmen (lassen) möchte, dann muss man ihn komplett ernten. Oft wird der vollständige Fruchtkörper zur Bestimmung benötigt, wenn es z. B. um Merkmale der Stielbasis geht. Dazu den Pilz vorsichtig aus dem Boden heben und die entstandene Öffnung in der Erde wieder zudrücken.

Ideal: Transport der Pilze in einem luftigen Korb

Die gesammelten Pilze sollte man vor Ort grob mit Messer oder Pinsel reinigen, damit sich das Sammelgut nicht gegenseitig verschmutzt. Zum Transport unbedingt ein luftdurchlässiges Gefäß verwenden, am besten einen Korb. Pilze zersetzen sich sehr schnell. In einer Plastiktüte gesammelt, können sie schon nach wenigen Stunden durch Eiweißzersetzung giftig geworden sein. Zuhause sollte man das Sammelgut möglichst gleich putzen und verarbeiten oder wenigstens an einem kühlen Platz für wenige Stunden auslegen.

Pilze vorbereiten

Die gesammelten Pilze werden mit Messer und Pinsel vom Schmutz gereinigt, Fraßstellen oder von Maden befallene Stücke weggeschnitten. Waschen Sie die Pilze nach Möglichkeit nicht, da sie Wasser wie ein Schwamm aufsaugen. Anschließend kann man die Pilze je nach Größe und Geschmack halbieren oder in Stücke schneiden. Grundsätzlich müssen Pilze ausreichend erhitzt werden, da viele Arten hitzeunbeständige Giftstoffe enthalten. Dabei ist insbesondere zu beachten, dass auch die Stücke am Pfannenrand genügend Hitze abbekommen. Roh essen kann man nur wenige Arten und auch die werden von einigen Personen dann schlecht vertragen.

Kochfertig vorbereitete Steinpilzstücke

Pilze zubereiten

Wer den Geschmack einer Pilzart kennenlernen will, der sollte diese in der Pfanne in wenig Butter (Puristen nehmen geschmacksneutrales Öl) dünsten und leicht gesalzen probieren. Sicher werden Sie bald bestimmte geschmackliche Eigenheiten einzelner Pilzarten kennenlernen und diese dann entweder pur genießen oder in bestimmten Mischungen verwenden. Dieses Experimentieren macht Spaß. Wichtig ist, dass dabei nur Arten verwendet werden, die sicher bestimmt wurden. Mit Gewürzen sollte man sparsam umgehen, da die meisten Pilzarten einen feinen Geschmack haben, der schnell übertönt wird.

Für ein deftiges Pilzgericht mit Speck, Röstzwiebel und gar Knoblauch eignen sich nur wenige Arten. Das klassische Pilzgemüse, als Beilage zum Sonntagsbraten mit Knödeln, Klößen oder Kartoffeln besteht aus einer Portion Mischpilzen, einer kleinen Zwiebel, Pfeffer, Salz und etwas Butter zum Andünsten. Je nach Geschmack kann man auch mit Kräutern wie Petersilie oder Schnittlauch würzen. Wer lieber Suppe mag, kann die gedünsteten Pilze mit etwas Mehl überstäuben und mit heißer Gemüse- oder Fleischbrühe ablöschen.

Pilze haltbar machen
Fertig gekochte Pilzgerichte können problemlos kühlgestellt und einen Tag später wieder aufgewärmt werden. Auch Einfrieren ist für die meisten Arten eine gute Methode zur Haltbarmachung, ebenso wie fast alle Pilze getrocknet werden können. Hierbei ist allerdings auf nicht zu viel Wärme und ständige Luftzirkulation zu achten, damit die Pilze zügig und ohne Unterbrechung rascheltrocken werden. Sonst schimmeln sie. Danach kann man sie sehr gut in luftdicht schließenden Behältnissen lagern.

Köstliches Steinpilz-Risotto

Der Natur auf der Spur

Hans E. Laux
Essbare Pilze und ihre giftigen Doppelgänger
192 Seiten, 186 Farbfotos
€/D 9,95
ISBN 978-3-440-10240-4

Essbar oder giftig? – Wer Speisepilze sammelt, muss unbedingt auch die wichtigsten Giftpilze kennen. Denn oft sind sie den Speisepilzen täuschend ähnlich. Dieser Naturführer hilft, unsere häufigsten Speisepilze von ihren giftigen Doppelgängern zu unterscheiden.

www.kosmos.de/natur

KOSMOS